Manual do Delegado

Orçamento Participativo

Distrito Federal

2012-2013

EXPEDIENTE

CASA CIVIL DA GOVERNADORIA DO DISTRITO FEDERAL

GOVERNADOR DO DISTRITO FEDERAL

Agnelo dos Santos Queiroz Filho

Vice-Governador: Nelson Tadeu Filipelli

CASA CIVIL DA GOVERNADORIA DO DISTRITO FEDERAL

Secretário-Chefe: Swedenberger do Nascimento Barbosa

Secretário-Adjunto: Afonso de Oliveira Almeida

SECRETARIA DE GOVERNO

Secretário: Paulo Tadeu Vale da Silva

Secretário Adjunto: Gustavo Ponce de Leon Soriano Lago

SECRETARIA DE PLANEJAMENTO E ORÇAMENTO

Secretário: Luiz Paulo Barreto

Secretária Adjunta: Wanderly Ferreira da Costa

COORDENADORIA DAS CIDADES

Coordenador-Chefe: Francisco Chagas Machado Filho

Coordenador Adjunto: Luiz Franklin de Moura

DIRETORIA DO ORÇAMENTO PARTICIPATIVO

Diretora: Laurie Jeanette Miller

GERENTE DE RELAÇÕES COMUNITÁRIAS

Gerente: Sílvia Gama Souza

GERÊNCIA DE PROGRAMAÇÃO E INSTRUÇÃO ORÇAMENTÁRIA

Gerente: Benedito Alves Pereira

GERENTE DE SUPORTE E LOGÍSTICA

Gerente: José Aparecido Teixeira

ASSESSORES

Ana Cláudia Pereira de Jesus

André Luiz Pereira Borges

Anna Paula Luíza Sobreiro

Carlos Roberto Silva Serpa

Denis Glauco Silva Souza

Élcio Galdino Pereira de Camargo

Estevam Teixeira dias Neto

Josué Afonso da Silva

Lusônia Alves da silva

Maria Silvani Costa Gomes

Med Hand Silva Porto

Paulo Salles Cordeiro

Roberto da Silva Rocha

Rodrigo Alarcão de Souza Lima

Rodrigo Fontes Fausto de Souza

ASSESSORES DO GABINETE DA COORDENADORIA DAS CIDADES

Isabela Morais de Pinheiro

Thiago Nunes Gomes

SECRETARIA DE PLANEJAMENTO E ORÇAMENTO

Alexandre Barbosa Pinheiro

Diego José de Souza Oliveira

ORÇAMENTO PARTICIPATIVO

Maio, 2012

ELABORAÇÃO:

EQUIPE DO OP (61)3429-7401

**Assessoria do Gabinete da Coordenadoria
das Cidades (61)3429-7453**

**Secretaria de Orçamento e Planejamento
(61)3966-6251**

REVISÃO:

Anna Paula Luíza Sobreiro

PROJETO GRÁFICO E DIREÇÃO DE ARTE:

Roberto da Silva Rocha

SUMÁRIO

Mensagem do Governador

.... 1

Introdução

.... 3

I - Metodologia do Orçamento Participativo

.... 1

II - Regimento Interno do Fórum de Delegados 7

III - Decreto do Orçamento Participativo 11

IV - Noções Básicas de Orçamento 15

V – Glossário 31

MENSAGEM DO GOVERNADOR

Sinto-me honrado como partícipe desta publicação criada para orientar e incentivar a implementação do Orçamento Participativo no Distrito Federal.

Primeiro porque a proposta em pauta está incorporada no meu plano de governo. Assumi o compromisso de ir além da democracia representativa para que os moradores do Distrito Federal possam ser protagonistas na definição e execução das políticas públicas de caráter regional e geral de Brasília.

E, segundo, porque durante minha trajetória política sempre fui um entusiasta da democracia participativa. Sempre acreditei no debate público entre cidadãos livres e em condições iguais de participação.

Em fevereiro deste ano, assinei decreto que regulamenta a continuidade do Orçamento Participativo no Distrito Federal. Criei um Grupo Técnico para a sua operacionalização e normatização que será coordenado pelo chefe da Coordenadoria das Cidades e composto por integrantes das Secretarias da Casa Civil; de Governo; de Planejamento e Orçamento; Transparência e Controle; Publicidade Institucional; Fazenda; Comunicação Social; e Administração Pública.

A esse grupo compete a definição da metodologia e do cronograma dos trabalhos a serem realizados nesse mecanismo de realização da democracia direta.

A gestão do Orçamento Participativo, sob a minha coordenação, envolverá servidores de todas as Secretarias de Estado e dos Órgãos do GDF a fim de assegurar o apoio necessário à execução das prioridades eleitas pela população.

Cabe a todos nós a tarefa de sensibilizar e agregar as pessoas para essa importante medida, pois a continuidade do Orçamento Participativo, marca do nosso estilo de governar, necessita da efetiva e crescente participação de todas as regiões, tornando-se o elemento mais forte e mais importante da nossa gestão.

Peço a participação e o empenho de todos nessa empreitada para que possamos incluir as prioridades populares no orçamento de 2013.

Governador Agnelo Queiroz

INTRODUÇÃO

O Governador Agnelo Queiroz assinou no dia 28 de fevereiro de 2012 o Decreto nº 0000000/2012 (pág. 00) regulamentando a implantação do Orçamento Participativo para o biênio 2012/2013.

Com a assinatura do Decreto, a Secretaria da Casa Civil, através da Coordenadoria das Cidades, a Secretaria de Governo, a Secretaria de Planejamento e Orçamento, a Secretaria de Transparência e Controle, a Secretaria de Fazenda, a Secretaria de Comunicação Social, a Secretaria de Publicidade Institucional e a Secretaria de Administração Pública assumem, ao lado das demais secretarias e administrações regionais, o compromisso de dar continuidade ao Orçamento Participativo no DF.

O Orçamento Participativo do Distrito Federal (OPDF) é o mais importante instrumento de expressão da participação popular na gestão dos recursos públicos, visto sua inserção na definição de prioridades para as despesas de investimentos e serviços, assim como no acompanhamento e fiscalização de sua execução.

E mais, o Orçamento Participativo constitui compromisso em curso do programa de governo do governador Agnelo, acumulando em direção à ampliação da democracia no DF.

I - METODOLOGIA PASSO A PASSO

A elaboração da metodologia do ORÇAMENTO
PARTICIPATIVO implantada no Distrito Federal
baseia-se numa concepção de PARTICIPAÇÃO
POPULAR que se contrapõe às relações
autoritárias e paternalista-clientelistas que se
dão tradicionalmente entre a sociedade e o
Estado. Com a implantação desta metodologia
busca-se o fortalecimento da DEMOCRACIA
PARTICIPATIVA entendida como processo de
presença refletida e organizada da população
na definição de prioridades de políticas
públicas. Este fortalecimento contribui para
aumentar o poder popular na definição das
políticas que têm reflexo direto nas suas vidas.

Trabalhou-se com a idéia de que a participação
popular não se limita a momentos especiais
nem a meras consultas à opinião do povo, mas
se constitui num processo de definição de
políticas públicas através do diálogo crítico e

construção de consenso entre o governante e a população que se organiza para tal.

Desta forma, a metodologia aponta para a participação através da realização de Plenárias Públicas e também de reuniões dos Fóruns de Delegados das Cidades, do Conselho do Orçamento Participativo do Distrito Federal - COP, da Comissão de Liberação de Recursos - CLR e da Comissão de Licitação e Obras - CALO. Este ciclo se processa ao longo de dois anos com atividades permanentes.

A construção da metodologia do OP 2012/2013 conduzida pela Coordenadoria das Cidades, ligada à Casa Civil da Governadoria do Distrito Federal juntamente com a Secretaria de Planejamento e Orçamento se deu com a participação e contribuição dos Delegados eleitos em 2011 e das equipes indicadas pelos órgãos do governo para fazer interface com o Orçamento Participativo.

As Plenárias começam em março e perfazem um ciclo conforme a seguinte metodologia passo a passo:

A - PLENÁRIAS DE APRESENTAÇÃO

O processo começa com a realização de Plenária de Apresentação nas Regiões Administrativas para:

- Divulgar o OPDF;

- Apresentar a metodologia para 2012/2013;

- Prestar informações sobre a execução do OP 2011;

- Convidar a população para participar das Plenárias de Base;

- Informar sobre o Portal do OPDF e incentivar as comunidades a se inscreverem previamente para a Plenária de Base do seu setor pela internet.

o Início dia 01/03/2012 - Término dia 31/03/2012.

B - PLENÁRIAS DE BASE

As Plenárias são realizadas em todos os Setores do Distrito Federal, sejam eles urbanos ou rurais, para que todo cidadão acima de 16 anos e que não receba comissão de órgão de qualquer dos poderes públicos possa participar da apresentação de prioridades e eleição de delegados. As Plenárias são organizadas da seguinte forma:

1. O credenciamento acontece seguindo a divisão das quadras ou grupos de quadras; o morador se inscreve no grupo referente ao seu endereço. A comunidade também pode se cadastrar pela internet e se apresentar com comprovante no credenciamento apenas para receber material e assinar a lista de presença.

2. Cada grupo com número igual ou superior a 10 pessoas tem o direito a apresentar uma proposta para o Orçamento Participativo. Caso tenham comparecido mais de 30 participantes num grupo, este poderá apresentar mais uma proposta. O número de pessoas presentes no grupo contará para a hierarquização da proposta no OPDF.

3. O grupo elegerá um delegado para cada 10 presentes no grupo. Estes Delegados integrarão o Fórum de Delegados da Cidade onde moram.

- Início dia 13/03/2012,
- Término 31/05/2012.
- As primeiras plenárias de base acontecem naquelas cidades onde já aconteceu a plenária de apresentação;

As propostas apresentadas e o mandato dos membros dos Fóruns, Conselho e

Comissões eleitos para o OPDF 2012/2013 terão vigência de dois anos. As próximas Plenárias de Base serão em 2014.

C - FÓRUM DE DELEGADOS

Fóruns de Delegados das Regiões Administrativas são formados pelos Delegados eleitos nas Plenárias de Base realizadas nos setores da cidade. A instalação dos Fóruns acontece em junho e a agenda de preparação das prioridades é cheia. Este ritmo marcado é necessário para que os membros dos Fóruns possam encaminhar os resultados para o Conselho dentro do prazo.

Cronograma de Reuniões:

- **Posse**
- **Primeira Reunião:**
  - Coordenada pelo Coordenador Regional do Orçamento Participativo - CROP e o Representante do Grupo Técnico de Implementação do Orçamento Participativo - GTIOP
  - Delegados organizados por Setor (Plenária) examinam as prioridades apresentadas naquela Plenária de Base, juntando as prioridades iguais, separando aquelas que se referem a

serviços, por fim, tomando conhecimento das prioridades do seu setor.

- As prioridades então são apresentadas ao Fórum onde também passam por um processo de organização.

o **Segunda Reunião:**

- Também coordenada pelo CROP e pelo Representante do GTIOP

- Eleição da **Mesa Coordenadora do Fórum de Delegados**, composta de:

  - Presidente
  - Vice-Presidente
  - Secretário
  - 2º Secretário

o **Terceira, Quarta, Quinta e Sexta Reuniões:**

- Trabalho dos Delegados junto com técnicos dos Órgãos do Governo para detalhar, preparar a redação, verificar condições para a realização da prioridade tais como destinação de terreno, necessidade de licença ambiental, exigência de projeto, e assim por diante.

o **Sétima Reunião:**

- Escolha da **Prioridade Especial** para ser encaminhada para votação pelo Portal do OP pelos cidadãos do DF.

- O número de prioridades apresentadas para o Portal é proporcional ao número de delegados eleitos nas RAs:
  - Até 100 Delegados = 1 Prioridade
  - De 101 a 200 Delegados = 2 prioridades
  - De 201 a 300 Delegados = 3 Prioridades, e assim sucessivamente.
- As demais prioridades preparadas nas reuniões dos Fóruns são encaminhadas ao Conselho já hierarquizadas pelo número de apoiadores que receberam nas Plenárias de Base.
  - **Oitava Reunião:**
- Eleição dos Conselheiros da RA para o Conselho do Orçamento Participativo - COP 2012/2013
- A Região Administrativa é representada por 2 (dois) Conselheiros. Os Fóruns que atingirem 50 delegados elegem mais um Conselheiro. A partir deste, a cada 50 ou fração superior a 25 delegados elege-se mais um conselheiro.
- Exemplos:

  - Cidade A: 15 delegados: 2 + 0 = 2 conselheiros
  - Cidade B: 50 delegados: 2 + 1 = 3 conselheiros
  - Cidade C: 100 delegados: 2 + 2 = 4 conselheiros

- Cidade D: 76 delegados: 2 + 2 = 4 conselheiros

- Cidade E: 126 delegados: 2 + 3 = 5 conselheiros

- Cidade F: 150 delegados: 2 + 3 = 5 conselheiros

D – VOTAÇÃO DAS PRIORIDADES

São abertas as votações de prioridades do OPDF pela Internet no mesmo dia em que se dá a posse ao Conselho do Orçamento Participativo do DF.

- No mesmo dia são abertas as votações de Prioridades do DF pela Internet.

- O cidadão entra com o CPF e vota em até 3 (três) prioridades.

- As propostas estarão disponíveis para votação na internet durante duas semanas

E - CONSELHO

O Conselho do Orçamento Participativo 2012/2013 toma posse no mês de julho de 2012.

OS CONSELHEIROS têm a responsabilidade de eleger os critérios de hierarquização das prioridades vindas dos Fóruns de Delegados e consolidar estas com aquelas eleitas pela internet, finalizando a hierarquização das prioridades e consolidação do Plano de Investimentos e Serviços do OPDF.

Além do critério de priorização por numero de apoiadores usado pelo Fórum, são apresentados mais dois critérios na fase do Conselho: um financeiro e um socioeconômico:

1. VO (Valor da Obra) – É atribuída pontuação de acordo com o custo geral da obra /serviço constante na proposta: Quanto mais onerosa, menos pontos ela recebe.

2. IDH (Índice de Desenvolvimento Humano) – É uma medida comparativa que leva em conta três aspectos da população de uma dada região: escolaridade, expectativa de vida e renda. É atribuído um valor para cada índice das 30 RA's que compõem o DF. Quanto menor o IDH, maior a carência da região. As obras/serviços das regiões mais carentes receberão mais pontos.

Por Exemplo:

Valor (R$)	Pontos		IDH	Pontos
Até 50 mil	50 ptos		Até 0,70	50 ptos
Até 100 mil	49 ptos		Até 0,72	48 ptos
Até 150 mil	48 ptos		Até 0,74	46 ptos
Até 300 mil	47 ptos		Até 0,76	44 ptos
Até 500 mil	46 ptos		Até 0,78	42 ptos
Até 750 mil	45 ptos		Até 0,80	40 ptos
Até 1 milhão	40 ptos		Até 0,82	34 ptos
Até 1,5 milhão	35 ptos		Até 0,84	28 ptos
Até 2 milhões	30 ptos		Até 0,86	22 ptos
Até 3 milhões	25 ptos		Até 0,88	16 ptos
Até 4 milhões	20 ptos		Até 0,90	10 ptos
Até 5 milhões	15 ptos		Até 0,95	8 ptos
Mais de 5 milhões	10 ptos		Até 1,00	5 ptos

Os três critérios norteiam a preparação da pré-lista para ser debatida pelo COP. As obras serão então classificadas, primeiro pela posição da lista e depois pela soma dos pontos recebidos.

Veja o exemplo abaixo:

Prioridade		Cidade	Proposta	Valor	Pontos		
DF	Cidade				V.O.	IDH	Total
1	1	C	Obra K	R$ 3,500,000	20	42	62
2	1	B	Obra F	R$ 1,000,000	40	22	62
3	1	A	Obra A	R$ 150,000	48	8	56
4	2	C	Obra L	R$ 500,000	46	42	88
5	2	B	Obra G	R$ 750,000	45	22	67
6	2	A	Obra B	R$ 500,000	46	8	54
7	3	C	Obra M	R$ 150,000	48	42	90
8	3	B	Obra H	R$ 30,000	50	22	72
9	3	A	Obra C	R$ 100,000	49	8	57
10	4	B	Obra I	R$ 500,000	46	22	68
11	4	A	Obra D	R$ 30,000	50	8	58
12	4	C	Obra N	R$ 250,000	8	42	50
13	5	B	Obra J	R$ 150,000	48	22	70
14	5	A	Obra E	R$ 150,000	48	8	56
15	5	C	Obra O	R$ 1,500,000	7	42	49

Exemplo de Pré-lista

Cidade A (IDH=0,945)		Pontos		
Proposta	Valor	Valor	IDH	Total
1 Obra A	R$ 150,000	48	8	56
2 Obra B	R$ 500,000	46	8	54
3 Obra C	R$ 100,000	49	8	57
4 Obra D	R$ 30,000	50	8	58
5 Obra E	R$ 150,000	48	8	56

Cidade B (IDH=0,86)		Pontos		
Proposta	Valor	Valor	IDH	Total
1 Obra A	R$ 1,000,000	40	22	62
2 Obra B	R$ 750,000	45	22	67
3 Obra C	R$ 30,000	50	22	72
4 Obra D	R$ 500,000	46	22	68
5 Obra E	R$ 150,000	48	22	70

Cidade C (IDH = 0,78)		Pontos		
Proposta	Valor	Valor	IDH	Total
1 Obra A	R$ 3,500,000	20	42	62
2 Obra B	R$ 500,000	46	42	88
3 Obra C	R$ 150,000	48	42	90
4 Obra D	R$ 250,000	8	42	50
5 Obra E	R$ 1,500,000	7	42	49

Em caso de empate, serão usados os seguintes critérios:

- IDH: A cidade com o menor IDH tem prioridade;

- Obras/serviços com impacto direto em crianças, jovens e idosos tem prioridade;

- Abrangência: As obras/serviços com maior abrangência têm prioridade.

De posse da pré-lista consolidada, o Conselho inicia o debate, alterando a ordem de prioridade das obras ou consolidando obras/serviços que possam atender a mais de uma cidade. Ao final, será gerado o Plano Anual de Investimentos e Serviços do OPDF, que ordenará as propostas aprovadas em todas as cidades do DF e será anexado a Projeto de Lei Orçamentária (PLOA).

F - CRONOGRAMA DE REUNIÕES DO CONSELHO

- **Primeira reunião**
- Exposição sobre os trabalhos desenvolvidos pelo Conselho
- Discussão e aprovação do RI
- **Segunda reunião**
- Apresentação da Metodologia de hierarquização
- Debate
- Aprovação dos Critérios
- **Terceira reunião**
- Apresentação da hierarquização conforme os critérios
- Debate
- Consolidação junto com as Prioridades votadas pela Internet

G- ENTREGA DO PLANO DE INVESTIMENTOS

No mês de agosto realiza-se um ato Público para entrega do Plano de Investimentos e Serviços do OPDF ao Governador.

H - APROVAÇÃO DA LEI ORÇAMENTÁRIA, LIBERAÇÃO DE RECURSOS, LICITAÇÃO, E FISCALIZAÇÃO

O trabalho do Orçamento Participativo não termina com a inclusão do Plano Anual de Investimentos no Projeto de Lei Orçamentária Anual (PLOA). A população, através de seus delegados e conselheiros, tem que garantir que o projeto seja aprovado na Câmara Legislativa e depois que ele seja executado pelo Governo no próximo ano. Para isso, são realizadas reuniões nos Fóruns de Delegados de todas as Regiões Administrativas para eleger os membros de três comissões para acompanhar o processo de execução do Plano de Investimentos e Serviços do Orçamento Participativo do Distrito Federal:

- **Comissão de Acompanhamento Parlamentar – CAP:**
- **Comissão de Liberação de Recursos - CLR:** responsável pelo acompanhamento, junto ao

Governo, da liberação de recursos para as obras/serviços do Orçamento Participativo.

- **Comissão de Acompanhamento de Licitações e Obras - CALO:** Com os recursos liberados, a CALO assume a responsabilidade de acompanhar a licitação e a realização das obras, garantindo a qualidade e adequação ao projeto aprovado.

I – REVISÃO DO REGIMENTO INTERNO

REUNIÃO DA CARI (Comissão Geral de Análise do Regimento Interno) – Durante o segundo semestre do ano também ocorrem reuniões dos Fóruns e posteriormente uma reunião da CARI para fazer alterações do Regimento Interno dos Fóruns de Delegados. A CARI é composta por todos os membros da Mesa Diretora dos Fóruns de Delegados das RAs.

J - FORMAÇÃO DOS MEMBROS DAS COMISSÕES

Após a eleição das Comissões no mês de Outubro, acontecem os Cursos de Formação

em Administração Pública e Orçamento para os
membros das Comissões e para Delegados em
geral.

II - REGIMENTO INTERNO DO FÓRUM DE DELEGADOS

CAPÍTULO I

Da Composição e Finalidade

Artigo 1º - O fórum de delegados do Orçamento Participativo é uma instancia de participação da comunidade na Gestão Pública.

§1º Doravante, neste Regimento, serão denominados OP, CROP e SEOP o Orçamento Participativo, o Coordenador Regional do OP, e o Secretário Executivo do OP, respectivamente.

§2º. Cada região Administrativa contará com um fórum de delegados do OP.

Artigo 2º - O Fórum de Delegados do OP de cada Região Administrativa – RA– será composto pelos delegados eleitos nas *Plenárias de Base*.

§1º A vacância da vaga de delegado será declarada nos casos abrangidos nos artigos 6º, 8º e 9º do presente Regimento.

Artigo 3º - Cada fórum de delegados constituirá sua própria *Comissão Regional de Acompanhamento de Licitações e Obras – CALO e Comissão Geral de Liberação de Recursos – CLR*, com pelo menos dois membros titulares e dois suplentes em cada uma.

Artigo 4º - Caberá ainda, aos delegados, participar de atividades junto às instituições governamentais, legislativas, judiciárias e/ou Ministério Publico, sempre que se fizer necessário ou por convocação do Conselho do Orçamento Participativo.

CAPÍTULO II

Das Competências e Impedimentos

Artigo 5º Compete aos delegados:

I- Priorizar e hierarquizar as propostas encaminhadas pelas Plenárias de Base, consolidando um Plano de Investimentos e Serviços Regional a ser enviado ao Conselho do OP do Distrito Federal;

II – Eleger os delegados membros que comporão a *Mesa Coordenadora do Fórum* através de votação que respeite os ditos nos artigos 7° e 13 deste Regimento.

III – Eleger dois conselheiros e dois suplentes independentemente do número de delegados, e mais um conselheiro e suplente a cada cinqüenta delegados eleitos, ou fração a partir dos primeiros cinqüenta, que irão representar a região administrativa no Conselho Geral do OP do Distrito Federal;

IV – Eleger membros para as Comissões

V – Informar a comunidade sobre os resultados das reuniões dos Fóruns e das deliberações do Conselho do Orçamento Participativo;

Artigo 6º - É vedada, sob qualquer título, a remuneração pelo exercício da função de Delegado do Orçamento Participativo do Distrito Federal.

Artigo 7º - As votações no âmbito dos Fóruns de Delegados serão compostas por voto direto, único e secreto.

Parágrafo único. A votação poderá ser dispensada em caso de consenso.

Artigo 8º - Qualquer membro do fórum poderá requerer, junto à Mesa Coordenadora, pedido de destituição de delegado que fizer uso indevido do cargo ou faltar com os compromissos para os quais foi eleito, afim de que seja convocado o suplente.

§ 1º A destituição ocorrerá em reunião onde deverão estar presentes pelo menos 50% mais 1 dos membros do fórum de delegados em efetivo exercício.

§ 2º Fica assegurado o direito de ampla defesa.

§ 3º A proposta de vacância do cargo será considerada acatada se obtiver o voto favorável da maioria absoluta do Fórum.

Artigo 9º - Perderá o mandato automaticamente o delegado que se ausentar, sem justificativa por escrito encaminhada à *Mesa Coordenadora do Fórum*, de três reuniões consecutivas ou seis reuniões alternadas.

§ 1º A justificativa deve ser entregue até o início da reunião subseqüente à sua falta.

§ 2º Nos casos de destituição de titular a Mesa Coordenadora, deve-se observar o dispostos no artigo 14, itens II e IV.

Artigo 10 A convocação dos delegados suplentes obedecerá a ordem da ficha de eleição dos delegados e suplentes do setor dos delegados destituídos.

Artigo 11 - O mandato de delegado vigora até a data de instalação do Fórum de delegados eleitos para o orçamento participativo do ano subsequente.

Parágrafo único. É permitida a reeleição consecutiva de delegados.

CAPÍTULO III

Seção I
Da Organização

Artigo 12 - O fórum de delegados do orçamento participativo será composto por:

a) Presidente;

b) Vice-Presidente;

c) 1º secretário;

d) 2º secretário;

e) Coordenador Regional do Orçamento Participativo – CROP

f) Secretário Executivo Orçamento Participativo

g) Delegados eleitos

Parágrafo único. Os ditos nas alíneas a), b), c), d), e) e f) deste artigo comporão a *Mesa Coordenadora do Fórum* que atribuirá funções aos seus componentes no termos do artigo 14 do presente Regimento.

Artigo 13 - Os delegados candidatos aos cargos previstos nas alíneas, a) b) c) e d) do artigo anterior serão eleitos através de votação secreta.

Artigo 14 - Das atribuições dos membros da Mesa Coordenadora:

I – Do Presidente:

a) Elaborar a pauta e coordenar as reuniões;

b) Encaminhar as votações;

c) Convocar os delegados suplentes quando ocorrer vacância;

d) Representar o Fórum no âmbito da CARI, levando eventuais sugestões e proposições daquele fórum ao Regimento único dos Fóruns de Delegados.

II- Do Vice- Presidente:

a) Substituir o Presidente nas suas ausências;

b) Assumir a titularidade no caso de vacância do titular;

III- Do 1º secretario

a) Representar o Fórum no âmbito da CARI, levando eventuais sugestões e proposições daquele fórum ao Regimento único dos Fóruns de Delegados;

b) Elaborar a ata das reuniões;

c) Ler a ata da reunião anterior;

d) Realizar e ler o controle de frequência, informando o quórum;

e) Registrar a presença de delegados e organizar o controle de frequência e de justificativas;

f) Divulgar o resultado das reuniões;

g) Estabelecer contato com a comunidade.

IV- Do 2° secretário

a) Substituir o primeiro secretário nas suas ausências;

b) Assumir a titularidade no caso de vacância do cargo de 1° Secretário.

V- Do Coordenador Regional do Orçamento Participativo- CROP:

a) Assessorar o Presidente nos trabalhos do fórum;

b) Convidar os representantes do GDF para as reuniões do fórum;

c) Solicitar ao GTIOP quaisquer informações ou audiências com representantes do governo.

d) Prestar atendimento e fornecer as informações e encaminhamentos solicitados pelos membros da CLR;

e) Verificar a adequação do local das reuniões

f) Auxiliar na elaboração da agenda e da pauta das reuniões;

g) Fazer registros e arquivos audiovisuais dos trabalhos do fórum de delegados e da CLR;

h) Fornecer aos delegados e conselheiros do OP cópias de materiais e documentos, sempre que solicitado;

VI – Do Secretário Executivo do Orçamento Participativo – SEOP:

a) Convocar as reuniões do Fórum de Delegados

b) Assessorar na elaboração das Atas das reuniões;

c) Arquivar e preservar a documentação produzida nas reuniões

d) Manter e atualizar o cadastro de delegados;

e) Divulgar o resultado das reuniões;

Artigo 15 - Para o inicio das reuniões ordinárias e extraordinárias do Fórum de Delegados será necessária a presença de cinquenta por cento mais um dos delegados em efetivo exercício, na primeira chamada. Não obtido esse quórum, após 30 minutos, será realizada uma segunda chamada.

§ 1º A reunião poderá ser iniciada em segunda chamada com a presença de um terço (1/3) do número total de delegados em efetivo exercício. Não obtido esse quórum a reunião poderá prosseguir desde que não haja votações.

§2 º Os delegados que chegarem 60 minutos após o horário previsto para o início dos trabalhos, não terão direito nem a voz nem a voto.

§3º Para estabelecimento do quórum das reuniões é considerado o número de delegados em efetivo exercício do mandato.

Artigo 16 - O presente regimento é único para todos os Fóruns Regionais de Delegados que compreendem o Processo do OP no Distrito Federal - descrito no Decreto 32.851/2011- e só poderá ser modificado mediante análise e aprovação da *Comissão Geral de Análise do Regimento Interno – CARI,* que tem suas atribuições e composição ditadas nos termos do artigo 19.

Seção II

Da composição, organização e atribuições
das Comissões

Artigo 17 – A *Comissão Geral de Liberação de Recursos – CLR deverá* acompanhar o *Processo da Execução Orçamentária* das Propostas listadas nos Plano Anual de Investimentos e Serviços do OPDF .

§1° O GTIOP ficará responsável pela orientação dos trabalhos da CRL e pelo apoio técnico necessário para o êxito no cumprimento das atribuições citadas nesse artigo.

Artigo 18 – Cada Comissão Regional de Acompanhamento a Licitações e Obras – CALO – ficará responsável por acompanhar o *Processo de Fiscalização* das Obras e Serviços listados nos Planos Anual e Setorial de Investimentos e Serviços do OPDF, referentes à sua RA.

Artigo 19 - A *Comissão Geral de Análise do Regimento Interno – CARI –* será responsável por avaliar e modificar, quando necessário, o regimento interno do Fórum de Delegados.

§1° Será composta pelo Presidente e 1° Secretários de cada Fórum de Delegados , acrescidos de representantes do Grupo Técnico de Implementação do OP – GTIOP.

§2° As modificações aprovadas entraram em vigor no Fórum de Delegados do ano seguinte.

§3º O GTIOP, através de seus representantes, não disporá de poder de voto sobre as deliberações, apenas voz.

§4º O GTIOP, através de seus representantes, terá poder de veto sobre as decisões tomadas na *CARI*.

§6º A coordenação dos trabalhos ficará a cargo do GTIOP.

CAPÍTULO IV

Das Disposições Finais

Artigo 20 - Os casos omissos serão resolvidos pelo GTIOP

III – DECERETO DO ORÇAMENTO PARTICIPATIVO

**DECRETO N° _____DE ___
DE_______________ 2012.**

Dispõe sobre o Orçamento Participativo do Distrito Federal – OPDF, sua continuidade e dá outras providências.

O GOVERNADOR DO DISTRITO FEDERAL, no uso das atribuições que lhe conferem os incisos VII e XXVI do art. 100 e o inciso I do parágrafo único do art. 165, da Lei Orgânica do Distrito Federal, e tendo presente o disposto no parágrafo único do art. 48 e no art. 48-A, da Lei Complementar Federal n° 101, de 4 de maio de 2000, e o art. 3° da Lei n° 2.299, de 21 de janeiro de 1999, **DECRETA:**

Art. 1° A participação popular na elaboração, acompanhamento e fiscalização da execução do orçamento do Distrito Federal, que ocorrerá por intermédio do Orçamento Participativo do Distrito Federal – OPDF instituído e regulado neste Decreto.

Art. 2º O Orçamento Participativo do Distrito Federal - OPDF é o processo de participação direta da população na definição de prioridades para as despesas em investimentos e serviços públicos executados pelo Governo do Distrito Federal.

Art. 3º São princípios do Orçamento Participativo do Distrito Federal:

I – participação popular, fundamentada na gestão participativa, democrática e compartilhada dos recursos públicos;

II – transparência administrativa, em decorrência da utilização de mecanismos de fiscalização direta da população sobre as matérias orçamentárias;

III – definição popular das prioridades orçamentárias em consonância com o programa de governo, objetivando assegurar maior eficiência na alocação dos recursos públicos no atendimento das necessidades básicas da população com relação a bens e serviços.

Art. 4º Para os fins deste Decreto entende-se por:

I – INVESTIMENTO: criação de novas estruturas no Distrito Federal, resultante da execução de obras públicas, como construção, ampliação e reforma de escolas, unidades de saúde, praças, quadras poliesportivas, unidades habitacionais, unidades de segurança, pavimentação de ruas e outros bens públicos;

II – SERVIÇO: atividade prestada direta ou indiretamente pela Administração Pública, destinada a satisfazer, de modo permanente, contínuo e geral, as necessidades essenciais e secundárias da coletividade ou da própria Administração;

III – PLANO ANUAL DE INVESTIMENTOS E SERVIÇOS DO ORÇAMENTO PARTICIPATIVO DO DISTRITO FEDERAL: relatório oficial do Governo do Distrito Federal, aprovado pelo Conselho do Orçamento Participativo do Distrito Federal, a ser publicado no Diário Oficial do Distrito Federal, contendo as obras e os serviços que a população priorizou e definiu durante o processo de discussão do Orçamento Participativo.

Art. 5º O Orçamento Participativo do Distrito Federal é organizado com a seguinte estrutura:

I – Coordenação;

II – Grupo Técnico de Implementação do Orçamento Participativo – GTIOP;

III – Conselho do Orçamento Participativo do Distrito Federal;

IV – Fóruns de Delegados das Administrações Regionais.

Art. 6º A Coordenação do Orçamento Participativo do Distrito Federal será constituída pelo governador do Distrito Federal, que a presidirá, com a participação dos titulares das Secretarias de Estado, das Administrações Regionais, das Autarquias e Empresas Públicas do Distrito Federal.

Art. 7º É de responsabilidade das Administrações Regionais e Secretarias de Estado assegurar o apoio técnico-operacional necessário à consecução dos objetivos do Orçamento Participativo do Distrito Federal.

§ 1º As Administrações Regionais oferecerão condições para o adequado desenvolvimento das atividades programadas, incluindo a mobilização da população e o apoio logístico e operacional.

§ 2°As Secretarias de Estado e demais estruturas governamentais deverão fornecer, em tempo compatível com o cronograma do Orçamento Participativo do Distrito Federal, as informações técnicas solicitadas pelo Grupo Técnico de Implementação do Orçamento Participativo – GTIOP.

§ 3º O Grupo Técnico de Implementação do Orçamento Participativo – GTIOP deverá proporcionar suporte técnico e normativo do Orçamento Participativo do Distrito Federal.

Art. 8° O Grupo Técnico de Implementação do Orçamento Participativo - GTIOP será conduzido pela Coordenadoria das Cidades da Casa Civil da Governadoria do Distrito Federal e composto por representantes dos seguintes órgãos:

I – Casa Civil da Governadoria do Distrito Federal;

II - Secretaria de Estado de Planejamento e Orçamento;

III- Secretaria de Estado de Governo

IV - Secretaria de Estado de Transparência e Controle;

V - Secretaria de Estado de Fazenda;

VI – Secretaria de Estado de Comunicação Social;

VII – Secretaria de Estado de Publicidade Institucional;

VIII – Secretaria de Estado de Administração Pública.

Parágrafo único. Cada um dos órgãos integrantes da Coordenação do Orçamento Participativo do Distrito Federal, de que trata o art. 6º deste Decreto, indicará no prazo de cinco dias a contar da publicação deste Decreto, dois servidores para integrar o Grupo Técnico de Implementação do Orçamento Participativo – GTIOP.

Art. 9º Compete ao Grupo Técnico de Implementação do Orçamento Participativo - GTIOP:

I – viabilizar a comunicação e a cooperação entre os órgãos do governo e as instâncias de participação popular envolvidas, visando à participação da população nas diversas fases do Orçamento Participativo do Distrito Federal;

II – definir o calendário anual de funcionamento do Orçamento Participativo do Distrito Federal, assim como a metodologia que deverá ser aplicada ao processo;

III – tornar público o Orçamento Participativo do Distrito Federal e os seus resultados, utilizando os canais de comunicação de massa e outros meios que se fizerem necessários;

IV – realizar seminários e eventos de capacitação dos participantes; e

V – compatibilizar as propostas populares com as do Plano de Governo.

Art. 10. O Orçamento Participativo do Distrito Federal será implantado em duas fases:

§ 1º Fases que serão implantadas em 2012:

a) divulgação - a apresentação do programa do Orçamento Participativo e da metodologia de participação;

b) participação – presença de cidadãos em Plenárias de Base, discutindo, apresentando as suas prioridades e elegendo delegados de acordo com a metodologia citada no item anterior;

c) organização e formalização das prioridades pelos Fóruns de Delegados que compõe o Orçamento Participativo e encaminhamento para o Conselho do OPDF, responsável pela consolidação das prioridades na forma do Plano Anual de Investimentos e Serviços – que deverá ser entregue ao governador do Distrito Federal.

§ 2º Fases a serem implantadas em 2013:

I – Acompanhamento e fiscalização da execução do Plano de Investimentos e Serviços do Orçamento Participativo do Distrito Federal por comissões eleitas para esse fim.

Art. 11. Os integrantes dos Fóruns de Delegados serão eleitos nas Plenárias de Base, entre os credenciados.

Os integrantes do Conselho do Orçamento Participativo do Distrito Federal serão eleitos entre os participantes dos Fóruns de Delegados das Regiões Administrativas.

Os membros das Comissões serão eleitos entre os participantes dos Fóruns de Delegados das Regiões Administrativas.

Art. 12. Terá direito a votar e a ser votado nas Plenárias de Base, todo participante que reúna as seguintes condições:

I - tenha idade igual ou superior a 16 (dezesseis) anos;

II – tenha sido inscrito regularmente na Plenária para a qual foi convocado, durante o período fixado para esse fim.

Parágrafo único. O cidadão que perceber qualquer tipo de rendimento comissionado – Distrital ou Federal - somente terá direito a voz.

Art. 13. As atividades desempenhadas no âmbito do Orçamento Participativo do Distrito Federal não serão remuneradas, sendo consideradas de relevante contribuição social.

Art. 14. Os casos omissos neste Decreto serão decididos pelo Grupo Técnico de Implementação do Orçamento Participativo - GTIOP, cabendo recurso dirigido ao coordenador do Orçamento Participativo do Distrito Federal.

Art. 15. Este Decreto entra em vigor na data de sua publicação.

Art. 16. Revogam-se as disposições em contrário.

Brasília, _____ de __________ de 2012.

124º da República e 52º de Brasília

AGNELO QUEIROZ

IV – NOÇÕES BÁSICAS DO ORÇAMENTO PÚBLICO

A - Introdução

Esta Parte deste Manual tem como objetivo apresentar aos membros dos Fóruns de Delegados do Orçamento Participativo o processo de elaboração dos documentos de Planejamento Governamental e do Orçamento Público no Distrito Federal. Esse texto foi baseado no programa *Orçamento Cidadão*, disponível no endereço www.seplan.df.gov.br - site da Secretaria de Estado de Planejamento e Orçamento do GDF.

Inicialmente, o mais importante é perceber que todos nós sabemos planejar e fazer um orçamento. Fazemos isso praticamente todos os dias, planejando o quanto vamos gastar para viajar nas férias, o quanto temos de economizar para comprar o carro novo, etc.

Veja a comparação entre o orçamento público e o doméstico.

ORÇAMENTO PÚBLICO

ORÇAMENTO DOMÉSTICO

RECEITAS

Receita Tributária

Salário

Receitas Patrimoniais

Trabalho extra

Operações de Crédito

Aposentadoria

Receitas de Convênios

Empréstimos

Transferências da União

Renda de Trabalho Autônomo

Renda de Aluguéis

DESPESAS CORRENTES

Pessoal

Salários

Mesada dos Filhos

Encargos

Empregada Doméstica

Aposentadorias; pensões

Pensão Alimentícia

Outras Despesas de Custeio

Material de expediente

Mantimentos, aluguel, educação,

Combustíveis e lubrificantes

Medicamentos, material escolar;

Segurança

Condomínio;

Juros de empréstimos

Juros do cheque especial

INVESTIMENTOS

Asfaltamento de rua

    Apartamento

Rede Elétrica

    Carro

Hospitais

    Televisão

Rede de água

Geladeira

DESPESAS COM AMORTIZAÇÃO DE DIVÍDAS

Pagamento de empréstimos nacionais

    Pagamento de empréstimos

Pagamento de empréstimos internacionais

    Pagamento de carnês

Como se pode observar, não há mistério para entender o que é Orçamento Público. A grande diferença é que o Orçamento Público deve ser formal e normativo, ou seja, deve ser regido por leis que autorizam e ditam a realização das despesas.

Vamos conhecer um pouco melhor essas leis e como elas são elaboradas.

B - O Planejamento e o Plano Plurianual (PPA)

Em primeiro lugar, vamos responder à pergunta: por que é necessário planejar no governo?

Assim como as empresas, os governos precisam ter planos por uma razão muito simples: porque os recursos são sempre menores do que as necessidades que deveriam ser atendidas!

E quando não se planeja, o risco de desperdício e de ineficiência costuma ser bem maior.

A Constituição Federal, a que todos devem obedecer, obriga os governos a planejar em seus gastos, seja no nível federal, estadual ou municipal.

No artigo 165 da Constituição Federal está previsto que os governos da União, dos Estados, Distrito Federal e Municípios devem elaborar planos plurianuais (PPA), leis de diretrizes orçamentárias (LDO) e os orçamentos anuais (LOA).

A Lei Orgânica do Distrito Federal, de 1993, ainda acrescentou três exigências além da determinação constitucional:

(1) a compatibilidade com o plano diretor de ordenamento territorial (PDOT);

(2) a regionalização por região administrativa;

(3) a quantificação física e financeira das diretrizes, objetivos e metas.

E o que deve conter o PPA?

Conforme a legislação já citada, o PPA deve conter Diretrizes, Objetivos e Metas.

As metas são referentes às despesas de capital e delas decorrentes, e às despesas relativas aos programas de duração continuada.

Diretrizes: é um conjunto de instruções ou indicações para se tratar e levar a termo um plano, uma ação, um negócio. Exemplos: Universalização dos serviços de saneamento básico; Redução das desigualdades sociais; etc.

Objetivos: são alvos que se pretende atingir, mediante a execução de uma ou mais ações. Exemplos: Duplicação do número de passageiros transportados pelo sistema metroviário, até o final da década; Redução de 70% dos casos de dengue nos próximos três anos; etc.

Metas: Pode ser sinônimo de objetivo, porém, no processo de planejamento, a meta é geralmente definida como a quantificação daquilo que se pretende realizar. Exemplos: Duplicação de 150 km de rodovias; Construção de 300 salas de aula; Fornecimento de livros didáticos para 250 mil alunos do ensino fundamental, etc.

Despesas de capital: são os gastos com investimentos do governo, como por exemplo, as obras em geral e a aquisição de equipamentos para a saúde e qualquer outra finalidade.

Despesas decorrentes das despesas de capital: são as despesas destinadas a manter e conservar os investimentos. Por exemplo: a construção de um hospital dá origem às despesas com a sua manutenção e funcionamento.

Programas de duração continuada: são as despesas que não se interrompem no tempo, como é o caso das despesas com Ensino Fundamental, coleta de lixo, etc.

Antes de falar em programa, precisamos esclarecer o significado dessa palavra, pois ela é um conceito fundamental para se compreender o orçamento público, assim como o plano plurianual.

De acordo com o Manual de Planejamento e Orçamento do GDF, entende-se por programa:

o instrumento de organização da ação governamental, com vistas ao enfrentamento de um problema e à concretização dos objetivos pretendidos. É mensurado por indicadores e resulta do reconhecimento de carências, demandas sociais e econômicas e de oportunidades. Articula um conjunto coerente de ações, necessárias e suficientes para enfrentar o problema, de modo a superar ou evitar as causas identificadas, como também aproveitar as oportunidades existentes.

Difícil de entender?

Veja o exemplo a seguir para entender melhor:

- **Problema**: Carência de moradias entre famílias de baixo e médio nível de renda.

- **Solução**: Programa "Moradia para todos".

- **Objetivo**: Reduzir a carência de moradias entre famílias de baixo e médio nível de renda no Distrito Federal.

- **Indicador**: Número de famílias de baixo e médio nível de renda com carência de moradia (Por exemplo: 20.835 famílias).

- **Etapas**: 1) Cadastramento das famílias; 2) Elaboração de projetos de construção de moradias unifamiliares, com 2 e 3 quartos; 3) Aquisição de terreno para implantação de conjunto habitacional; 4) Implantação de infraestrutura urbana (redes de água, esgoto, pluvial; rede elétrica; abertura de ruas; construção de meio-fio e asfaltamento); 5) Entrega das moradias às famílias cadastradas.

- **Ação**: É o instrumento de realização de programas, do qual resultam bens ou serviços.

Para cumprir os objetivos pretendidos, com base na estratégia do Governo, os programas são organizados nos seguintes macro-objetivos:

- Crescimento, inovação e competitividade, geração de emprego e renda;

- Desenvolvimento urbano ordenado e sustentabilidade ambiental;

• Equilíbrio fiscal, gestão para resultados, eficiência e qualidade dos serviços e do atendimento;

• Redução das desigualdades, desenvolvimento humano e social.

Agora que já conhecemos alguns conceitos importantes sobre o PPA, vejamos mais alguns aspectos que nos interessam para a melhor compreensão do assunto.

A responsabilidade para elaborar o projeto do plano plurianual é do Chefe do Poder Executivo. No caso do GDF, essa pessoa é o Governador.

Quem elabora o PPA?

O projeto do plano plurianual é elaborado com a participação dos principais órgãos do governo, começando pelas Secretarias de Estado (Planejamento e Orçamento, Fazenda, Educação, Saúde, Segurança, etc.) e incluindo as empresas do governo e as autarquias, como são os casos da Companhia Energética de

Brasília – CEB e do Transporte Urbano do Distrito Federal – DF-Trans.

Qual o prazo do PPA?

Assim que o projeto de lei esteja concluído o Governador remete-o à Câmara Legislativa, o que deve acontecer até 1º de agosto do primeiro ano do mandato do Governador.

Na Câmara Legislativa os deputados distritais devem apreciar, discutir e votar o projeto de lei até o fim do ano. Terminada essa etapa, o projeto aprovado retorna ao Governador, que deve sancioná-lo e mandar publicá-lo, para que comece a vigorar.

Importante lembrar que durante as etapas de elaboração e de discussão e votação do plano plurianual devem ser realizadas audiências públicas, que são oportunidades para que a população de cada bairro ou região administrativa apresente as suas demandas e participe da definição de prioridades sobre o que o governo deve realizar nos próximos quatro anos

Qual o conteúdo do PPA?

O projeto do plano plurianual deve conter as seguintes partes:

• Mensagem do governador: texto que contém a justificativa e a síntese dos objetivos que se pretende alcançar durante os quatro anos de vigência do plano plurianual;

• Texto do projeto de lei: o plano plurianual deve ser aprovado por uma lei, portanto o projeto de lei acompanha o documento entregue ao Legislativo;

• Apresentação do plano plurianual: é um texto usado para informar ao Poder Legislativo sobre os critérios que foram utilizados para elaborar o projeto, além de traçar um panorama da situação econômico-financeira, das projeções sobre o desempenho da economia e uma série de outras informações que devem ser consideradas na elaboração do plano plurianual, tais como: aspectos de ocupação urbana, impactos ambientais, ordenação territorial, etc.

• Detalhamento dos programas e respectivas ações previstas para o período do plano plurianual.

C - A Lei de Diretrizes Orçamentárias (LDO)

A Lei Orgânica do Distrito Federal estabelece, em seu art. 149:

"Leis de iniciativa do Poder Executivo estabelecerão:

....

II – as diretrizes orçamentárias;

...."

Ainda segundo o mesmo artigo da Lei Orgânica do DF, a LDO deve ser compatível com o plano plurianual (PPA) e tem a função de:

•Estabelecer as metas e prioridades da administração pública do Distrito Federal, incluídas as despesas de capital para o exercício financeiro subsequente;

•Orientar a elaboração da lei orçamentária anual;

•Dispor sobre as alterações da legislação tributária;

•Estabelecer a política tarifária das entidades da administração indireta e a política de aplicação das agências financeiras oficiais de fomento;

•Definir a política de pessoal a curto prazo da administração direta e indireta do Governo.

Diretrizes: é um conjunto de instruções ou indicações para se tratar e levar a termo um plano, uma ação, um negócio. Exemplos: universalização dos serviços de saneamento básico; redução das desigualdades sociais; etc.

Metas: são as unidades básicas de qualquer projeto. Por exemplo, na construção de uma casa, a meta será a quantidade de metros quadrados de construção; na construção de um hospital, pode ser o número de leitos; na execução de um programa de governo, a meta pode ser "famílias assistidas"; "pessoas beneficiadas"; e assim por diante. Em um processo de planejamento a meta é geralmente definida como a quantificação daquilo que se pretende realizar. Exemplos: Duplicação de 150 km de rodovias; Construção de 300 salas de aula; Fornecimento de livros didáticos para 250 mil alunos do ensino fundamental, etc.

Prioridades: em qualquer governo as necessidades a serem atendidas sempre serão maiores dos que os recursos disponíveis. Desse fato surge a necessidade de se estabelecer prioridades, que identificam quais despesas, do conjunto de gastos do orçamento, terão preferência no seu atendimento.

Por hipótese, suponhamos que o governo quer priorizar os gastos com a educação durante os quatro anos do mandato do governador. Nesse caso, os gastos com a educação terão preferência no seu atendimento. Em outras palavras, se houver necessidade de economizar recursos do orçamento, a área de educação será a menos afetada, em função da prioridade que lhe é atribuída, em relação aos demais gastos.

Despesas de capital: são os gastos com investimentos do governo, como por exemplo, as obras em geral e a aquisição de veículos e equipamentos para o uso em serviço.

Exercício financeiro: é o período durante o qual são realizadas as ações de arrecadação da receita e execução das despesas do orçamento. No Brasil o exercício financeiro coincide com o ano civil, ou seja, começa em 1º de janeiro e encerra em 31 de dezembro de cada ano.

E a Lei de Responsabilidade Fiscal? Qual a relação dela com a LDO?

A Lei de Responsabilidade Fiscal foi editada em 04 de maio de 2000 e o seu objetivo principal foi estabelecer condições e exigências aos gestores públicos na busca do equilíbrio orçamentário e fiscal.

O art. 4º da Lei de Responsabilidade Fiscal acrescentou novas atribuições à Lei de Diretrizes Orçamentárias, que reforçam a sua importância como ferramenta de planejamento do governo. Essas novas atribuições podem ser resumidas da seguinte forma:

- A LDO deve criar normas para o equilíbrio entre receitas e despesas, o que sinaliza para os governantes a necessidade de gastar apenas aquilo que se arrecada;

- A LDO deve prever critérios de contenção de despesas, sempre que a arrecadação da receita for inferior à previsão;

- O controle de custos e a avaliação dos resultados dos programas de governo devem ser normatizados pela LDO;

- Para que o governo possa transferir recursos do orçamento para qualquer entidade pública ou privada, deve observar as regras previstas na LDO; e

- Para cada ano devem ser fixadas metas de receitas, despesas, resultado nominal, resultado primário e total da dívida pública. Essas metas são definidas pela LDO.

Finalmente, a LDO deve conter um demonstrativo dos chamados "riscos fiscais", que são situações ou fatos que podem comprometer o equilíbrio das contas púbicas. Nesse caso, os riscos devem ser avaliados em termos monetários, e haverá uma reserva obrigatória de recursos do orçamento para atender a cada situação prevista na LDO.

Como se pode observar, as novas atribuições da Lei de Diretrizes Orçamentárias atuam no sentido de reforçar o planejamento da gestão, além da transparência e do controle sobre as ações do governo.

Além disso, o ato de fixar metas para receitas e despesas, resultados nominal e primário do setor público, a Lei de Diretrizes Orçamentárias antecipa a discussão e a definição das prioridades e a própria alocação dos recursos que estarão na Lei Orçamentária do exercício seguinte.

D - A Lei Orçamentária Anual (LOA)

A Lei Orçamentária Anual, também chamada de LOA, é uma lei que prevê as receitas e fixa as despesas públicas, para o período de um exercício financeiro.

Receitas públicas: chamadas simplesmente de receitas no restante do texto, constituem as fontes de recursos disponíveis para o governo. A mais importante fonte de receita são os tributos pagos pela população, dentre os quais se destacam os impostos. No entanto, existem ainda outros tipos de receitas, tais como as provenientes de operações de crédito (empréstimos), de convênios, da alienação (venda) de bens públicos, etc.

Despesas públicas: chamadas simplesmente de despesas no restante do texto, constituem as formas como o governo decide gastar os recursos provenientes das receitas.

A Lei Orgânica do Distrito Federal, em sintonia com a Constituição de 1988, em seu art. 149, estabelece que:

Leis de iniciativa do Poder Executivo estabelecerão:

I – o plano plurianual;

II – as diretrizes orçamentárias;

III – os orçamentos anuais.

De acordo com o parágrafo 4º do mesmo artigo:

§ 4º A lei orçamentária, compatível com o plano plurianual e com a lei de diretrizes orçamentárias, compreenderá:

I – o orçamento fiscal referente aos Poderes do Distrito Federal, seus fundos, órgãos e entidades da administração direta e indireta, inclusive fundações instituídas ou mantidas pelo Poder Público;

II – o orçamento de investimento das empresas em que o Distrito Federal, direta ou indiretamente, detenha a maioria do capital social com direito a voto;

III – o orçamento de seguridade social, abrangidas todas as entidades e órgãos a ela vinculados, da administração direta e indireta, bem como os fundos e fundações instituídos ou mantidos pelo Poder Público.

Orçamento fiscal: nele estão as receitas a serem arrecadadas pelo governo por meio de seu órgão central de arrecadação, que no caso do Distrito Federal é a Secretaria de Estado de Fazenda, bem como as despesas a serem cobertas com estas receitas, incluindo os Poderes Executivo e Legislativo, visto que o Poder Judiciário do Distrito Federal é custeado pela União. As receitas a serem arrecadadas pelas autarquias, fundações e fundos especiais também estão no orçamento fiscal, bem como as despesas a serem custeadas com tais receitas. Também estão no orçamento fiscal as despesas das empresas dependentes do governo.

As empresas do governo tanto podem ser aquelas em que ele é o único dono, chamadas de empresas públicas, como aquelas nas quais ele possua a maioria das ações com direito a voto, chamadas de sociedades de economia mista. As empresas dependentes são aquelas, tanto empresas públicas como sociedades de economia mista, nas quais o governo precisa cobrir despesas com pessoal, despesas com custeio (aquelas necessárias para o seu funcionamento) ou ainda despesas com investimentos.

Orçamento de investimento: nele estão compreendidas todas as receitas e despesas de investimentos das empresas do governo. Integram o orçamento de investimento as empresas não dependentes do governo.

Orçamento da seguridade social: de acordo com o art. 149, parágrafo 5º da Lei Orgânica do Distrito Federal, nele estão compreendidas as receitas e as despesas com saúde, previdência social e assistência social.

Como é elaborada a LOA?

O orçamento público é resultado da participação dos Poderes Executivo e Legislativo. Mais recentemente, com a Lei de Responsabilidade Fiscal - LRF, a população também pode participar diretamente do processo de elaboração do orçamento. Neste caso são realizadas audiências públicas, nas quais é possível a participação de qualquer cidadão que esteja interessado em propor melhorias para sua comunidade, tais como a construção de escolas, a ampliação de postos de saúde, a recuperação de vias públicas, etc.

O Governador do Distrito Federal, que representa o Poder Executivo, envia para a Câmara Legislativa o Projeto de Lei Orçamentária Anual, também chamado de PLOA.

O PLOA nada mais é que uma proposta do Governador, que contém a previsão das receitas e a fixação das despesas para o exercício financeiro seguinte. No caso do Brasil, o exercício financeiro coincide com o ano civil, ou seja, compreende o período de 1º de janeiro a 31 de dezembro.

O PLOA é elaborado a partir da LDO, da seguinte forma:

• Na LDO, publicada antes do envio do PLOA à Câmara Legislativa, estão os programas selecionados do PPA, chamados de programas prioritários de governo, que serão realizados no ano seguinte. A escolha de tais programas pela LDO deve considerar as principais necessidades da população;

• No PLOA os programas são detalhados em nível de ações e subtítulos;

Mas o que são programas, ações e subtítulos? Não se preocupe. Em breve eles serão definidos, inclusive com exemplos.

• O PLOA é elaborado pela Secretaria de Estado de Planejamento e Orçamento por uma equipe de técnicos especializados. A elaboração do PLOA é feita a partir de sugestões das secretarias de governo, das administrações regionais, dos dirigentes das entidades da administração indireta (fundações, autarquias e empresas do governo) e da população por meio das audiências públicas

Na Câmara Legislativa o PLOA é discutido pelos Deputados Distritais, que apresentam propostas de emendas ao projeto original com a finalidade de atender às comunidades que representam. Após a discussão na Câmara Legislativa, o PLOA é então devolvido ao Poder Executivo, que pode propor vetos às emendas parlamentares. Finalmente, após a sanção e a publicação pelo Governador, o PLOA torna-se a LOA com vigência para o exercício para o qual foi elaborado.

Veto: ocorre quando o Poder Executivo não concorda com alguma proposta do Poder Legislativo.

E se o Poder Legislativo não concordar com algum veto do Poder Executivo? Neste caso o Poder Legislativo pode rejeitar o veto do Poder Executivo, cabendo ao Poder Legislativo a sanção e a publicação da LOA.

Rejeição de veto: ocorre quando o Poder Legislativo não concorda com algum veto apresentado pelo Poder Executivo. Neste caso o Poder Legislativo publica e sanciona a lei mantendo o texto original aprovado na Câmara Legislativa.

O PLOA deve ser enviado à Câmara Legislativa até o dia 15 de setembro, e devolvido ao Poder Executivo, para a proposição de vetos, até o dia 22 de dezembro.

Quais são as receitas e despesas do Orçamento?

1-Receitas

Você deve lembrar que as receitas são as fontes de recursos para o governo e para entender como se classificam, vamos explicar o que são *Receitas Correntes* e *Receitas de Capital* .

Receitas Correntes: são as relacionadas à arrecadação de impostos (ICMS, IPVA, IPTU, etc.), taxas (Taxa de Limpeza Pública, Taxa de Funcionamento de Estabelecimento, etc.) e contribuições (Contribuições de Melhoria, Contribuição de Iluminação Pública, etc.), à venda de bens e à prestação de serviços à comunidade pelo governo, incluindo aí a comercialização de bens e a prestação de serviços por empresas do governo.

Devido à relevância no orçamento, as Receitas Correntes podem ser divididas em:

• Receitas Tributárias, aquelas decorrentes de arrecadação de impostos, taxas e algumas contribuições;

• Outras Receitas Correntes.

Receitas de Capital: são as relacionadas à contratação de empréstimos, à venda de bens imóveis e ao recebimento da parcela principal de empréstimos concedidos pelo governo.

Devido à relevância no orçamento, as Receitas de Capital podem ser divididas em:

• Operações de Crédito, aquelas decorrentes de contratação de empréstimos;

• Outras Receitas de Capital.

2-Despesas

Lembrando o que já foi dito, as despesas constituem as formas como o governo decide gastar os recursos provenientes das receitas. Primeiramente, é bom saber que as despesas são classificadas em Despesas Correntes e Despesas de Capital.

Despesas Correntes: são as relacionadas à manutenção das atividades do governo, dentre as quais despesas com pessoal, juros e encargos de empréstimos contratados pelo governo, despesas com água, energia e conservação de prédios públicos, manutenção de escolas, hospitais e vias públicas, etc.

Devido à relevância no orçamento, as Despesas Correntes podem ser divididas em:

• Pessoal e Encargos Sociais, aquelas referentes a gastos com folha de pagamento e os encargos sociais correspondentes, tais como as contribuições destinadas à aposentadoria dos servidores públicos;

• Outras Despesas Correntes.

Despesas de Capital: são as relacionadas aos investimentos tais como execução de obras e aquisição de equipamentos importantes para o bem-estar da população, ao aumento da participação do governo em empresas públicas e ao pagamento da parcela principal de empréstimos contratados pelo governo, etc.

Devido à relevância no orçamento, as Despesas de Capital podem ser divididas em:

• Investimentos, aquelas referentes à execução de obras e à aquisição de equipamentos importantes para o bem-estar da população;

• Outras Despesas de Capital.

Como posso saber quanto está sendo gasto pelo governo, por exemplo, com saúde e educação?

Bem, aí é necessário conhecer as classificações funcional e programática adotadas na elaboração do orçamento.

E - Funcional

A classificação funcional também pode ser chamada de classificação cidadã, uma vez que ela apresenta informações gerais sobre o orçamento, proporcionando ao cidadão uma espécie de orçamento resumido. Ela tem a finalidade de apresentar à população informações sobre em quais áreas o governo tem aplicado os recursos públicos. Para tanto, classifica-se as despesas públicas em nível de função e subfunção.

• A função é o maior nível de agregação da despesa pública. Por meio da função, por exemplo, é possível saber quanto o governo

gasta com segurança pública (função 06),
saúde (função 10) ou educação (função 12);

• A subfunção constitui uma partição da função,
visando agregar determinado subconjunto de
despesa. Suponhamos, por exemplo, que você
deseja saber quanto o governo gasta com
ensino fundamental. Para isso basta consultar
quanto da despesa é gasto na subfunção 364.

A título de exemplo, segue o conjunto de
subfunções típicas relacionadas à função 12 –
Educação:

361 Ensino Fundamental

362 Ensino Médio

363 Ensino Profissional

364 Ensino Superior

365 Educação Infantil

366 Educação de Jovens e Adultos

367 Educação Especial

Importante: É livre a associação entre
subfunção e função, mesmo que a subfunção
esteja fora do conjunto de subfunções típicas

da função. Como exemplo, considere o caso em que a Secretaria de Estado de Saúde tenha a intenção de utilizar recursos em programas voltados, especificamente, para saúde do idoso.

No conjunto de subfunções típicas relacionadas à função 10 – "Saúde" não existe nenhuma subfunção relacionada à saúde do idoso. No entanto, no conjunto de subfunções típicas da função 08 – "Assistência Social", existe a subfunção 241 – "Assistência ao Idoso".

Logo, a Secretaria de Estado de Saúde pode utilizar a seguinte classificação:

Função 10 – Saúde

Subfunção 241 – Assistência ao Idoso

F - Programática

Esta é adotada no orçamento brasileiro desde 1964, passando por uma série de alterações para o seu aprimoramento quanto à maneira como o governo aplica os recursos públicos.

A classificação programática tem a finalidade de demonstrar as realizações do governo, enfatizando os resultados obtidos em benefício da população. Atualmente, a classificação programática classifica as despesas públicas em nível de programas e ações.

• **Programa:** é o instrumento de organização das ações de governo visando à obtenção dos objetivos do governo. O programa também pode ser entendido como o instrumento de organização da ação governamental voltado à solução de problemas ou à implementação de novos bens e serviços para atendimento à população. Os programas e seus objetivos são definidos no PPA.

• **Ação:** é o instrumento que viabiliza o alcance dos objetivos do programa, ou seja, o que o governo vai fazer para dar solução a determinado problema ou para implementar novos bens e serviços para atendimento à população. Para a obtenção destes objetivos é possível associar mais de uma ação ao mesmo programa.

Relembrando, o PPA é elaborado no primeiro ano de mandato do Governador. Nele são definidas as metas e objetivos de governo para os próximos quatro anos e a maneira como eles serão alcançados. O PPA é elaborado com base no Plano Estratégico de Governo elaborado a partir das propostas apresentadas pelo então candidato a Governador. Na LDO, então, são escolhidos quais os programas de governo, presentes no PPA, deverão estar na LOA. Considere agora o seguinte exemplo: O candidato vencedor das eleições a Governador se comprometeu a reduzir o déficit habitacional do Distrito Federal. Suponhamos que, com base em estudos da CODEPLAN, de cada 100 famílias do Distrito Federal, 40 não possuam casa própria. O governo decide, então, a partir do Plano Estratégico de Governo reduzir o número de famílias sem casa própria em 50%, ou seja, que ao final de seu mandato, de cada 100 famílias, 20 não possuam casa própria. Ainda com base no mesmo estudo, sabe-se que para obter os objetivos do programa será necessária a construção de 1.000 unidades habitacionais e a concessão de 500 cheques moradia.

No PPA, então, será criado o seguinte programa com as ações correspondentes:

• Programa: Desenvolvimento Habitacional

Objetivo do Programa: Garantir a todo cidadão acesso à moradia, dando prioridades às ações para população de média e baixa renda, residentes no Distrito Federal e que não tenha casa própria

Ação 1: Construção de Unidades Habitacionais no Distrito Federal

- Produto da ação 1: Unidade Construída

- Meta da ação 1   : 1.000

Ação 2: Cheque Moradia

- Produto da ação 2: Família Beneficiada

- Meta da ação 2   : 500

Como posso saber quais as ações de governo que serão realizadas na minha comunidade?

Essa informação também está na LOA, como **regionalização** e **subtítulo**.

Regionalização: compreende as áreas geográficas programadas para o desenvolvimento das ações de governo. No caso do Distrito Federal, a regionalização se confunde com as Administrações Regionais. Abaixo seguem alguns códigos de regionalização utilizados na elaboração da LOA:

- Regionalização 10: Administração Regional do Guará;

- Regionalização 30: Administração Regional de Vicente Pires;

- Regionalização 99: Distrito Federal.

A regionalização 99 – Distrito Federal é utilizada nos casos em que uma ação é realizada em mais de uma administração regional. Como exemplo vale citar uma obra de urbanização na EPTG que inclua as Administrações Regionais do SIA, do Guará e de Taguatinga.

Subtítulo: o subtítulo é a localização da ação ou especificação da ação a ser desenvolvida. Assim, pelo subtítulo é possível, dentre outras coisas, identificar com mais precisão onde serão realizadas as ações de governo. Como exemplo considere o seguinte subtítulo:

. 7890 - Pavimentação Asfáltica das Chácaras 25, 26, 27, 28-A e 28-B do Condomínio JK em Taguatinga.

Este subtítulo, na LOA de 2009, foi cadastrado na ação 1101 – *Implantação de Vias e Obras Complementares de Urbanização* e na regionalização 03 – *Administração Regional de Taguatinga*. No entanto, apenas pelo subtítulo, é possível identificar que a implantação de vias e obras complementares de urbanização será realizada nas Chácaras 25, 26, 27, 28-A e 28-B do Condomínio JK.

Depois de Publicada, a LOA pode ser alterada?

Sim. Uma das características da LOA é que ela é uma lei dinâmica, ou seja, pode ser alterada durante o exercício financeiro. As alterações na LOA são necessárias para sua adequação a mudanças ocorridas ao longo do ano, e que nem sempre podem ser previstas. As alterações do orçamento são feitas por meio dos chamados créditos adicionais.

Para cada subtítulo constante da LOA é fixado um valor para execução das despesas. Este valor é chamado de dotação inicial. Os créditos adicionais são classificados em três tipos: suplementares, especiais e extraordinários.

Créditos suplementares: são destinados ao reforço de dotação inicial fixada na LOA quando ela mostrar insuficiente durante o decorrer do exercício financeiro. Como exemplo considere o caso de construção de um posto policial na Ceilândia cuja despesa na LOA foi fixada em R$ 15.000,00 e que, quando da execução da obra, foi verificado que devido ao aumento do custo da mão de obra serão necessários R$ 20.000,00 para o término da obra. Neste caso, teremos:

- Dotação inicial   : R$ 15.000,00

- Crédito suplementar : R$ 5.000,00

- Custo total da obra : R$ 20.000,00

A LOA autoriza o Governador abrir créditos suplementares, até determinado limite, por meio de ato próprio do Poder Executivo, geralmente decreto. Ultrapassado tal limite, a abertura de créditos suplementares deve ser feita por meio de lei, ou seja, é necessário que a proposta de abertura seja apreciada pela Câmara Legislativa, tudo seguindo o mesmo trâmite que o utilizado para aprovação da LOA.

Créditos especiais: são destinados a cobrir despesas para as quais não houve previsão na LOA. Por exemplo: durante a execução da LOA verificou-se que não foram destinados recursos para construção de uma creche para atender às mães do Riacho Fundo I e que o valor da obra seja de R$ 30.000,00. Caso o governo queira executar a obra será necessário, então, a abertura de um crédito especial visando à inclusão desse subtítulo no orçamento. Neste caso, teremos:

- Dotação inicial   : R$ 0,00

- Crédito especial   : R$ 30.000,00

- Custo total da obra : R$ 30.000,00

A abertura de créditos especiais é feita por meio de lei, ou seja, é necessário que a proposta de abertura seja apreciada pela Câmara Legislativa, tudo seguindo o mesmo trâmite que o utilizado para aprovação da LOA.

Créditos Extraordinários: são destinados a cobrir despesas imprevisíveis e urgentes, tais como as decorrentes de guerra ou de calamidade pública. Os créditos extraordinários constituem uma exceção e devem ser utilizados apenas nos casos que exijam uma atuação rápida do governo e que decorra de uma situação imprevisível e urgente. Considere, por exemplo, que devido a fortes chuvas o nível do Lago Paranoá aumentou a ponto de destruir parte da fundação da Ponte do Bragueto, o que provocou sua interdição. Devido ao fato de que esta é uma importante via de ligação entre o Plano Piloto e outras importantes

Administrações Regionais tais como Lago Norte, Sobradinho e Planaltina, o Governador pode abrir crédito extraordinário visando à recuperação da fundação da Ponte do Bragueto.

Para abertura de créditos extraordinários não é necessária aprovação da Câmara Legislativa, bastando para isso edição de um decreto pelo Governador. No entanto, sua abertura deve ser imediatamente comunicada à Câmara Legislativa, a quem caberá a análise de imprevisibilidade e de urgência alegadas pelo Poder Executivo.

Importante: Em todos os casos de abertura de créditos adicionais é necessária a indicação das fontes de recursos que cobrirão as novas despesas.

Como posso acompanhar a execução do orçamento?

Nos últimos anos tanto a Constituição Federal, como a Lei de Responsabilidade Fiscal e as LDO's, tem criado diversos relatórios que ficam disponíveis pela internet e permitem o acompanhamento da elaboração e da execução dos orçamentos pela população.

Veja alguns exemplos:

• **Relatório de execução mensal**

Previstos na LDO os relatórios de execução mensal visam informar a execução orçamentária com detalhamento em nível de ações e subtítulos, bem como de forma regionalizada em nível de função, subfunção e programa, dentre outros. A partir do ano de 2011, seguindo determinação do Ministério Público do Distrito Federal e dos Territórios, também deve ser elaborado o relatório de execução mensal com os subtítulos voltados para a criança e o adolescente, o que constitui o Orçamento da Criança e do Adolescente - OCA. Os relatórios de execução mensal estão disponíveis para consulta no endereço eletrônico www.seplan.df.gov.br no link Orçamento GDF

- **Relatório Resumido de Execução Orçamentária – RREO**

Previsto na Constituição Federal, art. 165, parágrafo 3º e detalhado na LRF, art. 52 o RREO tem periodicidade bimestral e deve conter, dentre outras informações, demonstrativos da execução das receitas por categoria econômica, das despesas por categoria econômica e por função e subfunção. No caso do Distrito Federal a Secretaria de Estado de Fazenda é a responsável pela sua publicação. O RREO está disponível para consulta no endereço eletrônico www.fazenda.df.gov.br no link Tesouro.

- **Relatório de Gestão Fiscal – RGF**

Previsto na LRF, art. 54, o RGF tem periodicidade quadrimestral e deve conter, dentre outras informações, o comparativo da despesa com pessoal e operações de crédito com os limites impostos pela própria LRF, bem como a indicação das medidas adotadas ou a adotar no caso de ultrapassados quaisquer dos limites. Vale observar que tais limites foram impostos com a intenção de coibir, por parte dos governantes, o aumento irresponsável de algumas despesas, em especial as correntes, visto que seu aumento desenfreado implica redução da capacidade do governo em investir em áreas como saúde, educação e infraestrutura. O RGF está disponível para consulta no endereço eletrônico **www.fazenda.df.gov.br** no link Tesouro

V – GLOSSÁRIO

Administração Direta – a administração centralizada ou direta ocorre quando a prestação de serviços públicos é realizada pela própria Administração Pública (na esfera federal, estadual e municipal) através de seus órgãos internos. É o conjunto de entidades integradas na estrutura administrativa do Poder Executivo, criadas para exercer a orientação, coordenação e supervisão dos órgãos sob sua área de competência e referendar os atos e decretos assinados pelo Governador.

Administração Indireta – a administração descentralizada é formada por um conjunto de entidades públicas dotada de personalidade jurídica própria, compreendendo as autarquias, empresas públicas, sociedades de economia mista e fundações públicas.

Administração Pública – conjunto de órgãos instituídos para consecução dos objetivos do Governo, Conjunto das funções necessárias aos serviços públicos em geral. Deve ser entendida como toda atividade do Estado que não esteja compreendida dentro da atividade legislativa.

Agência Financeiras Oficiais de Fomento – entidades governamentais constituídas para apoiar o desenvolvimento de áreas especificas. Exemplo: Fundação de Apoio a Pesquisa – FAP; Banco Nacional de Desenvolvimento Econômico e Social – BNDES; Caixa Econômica Federal – CEF; etc.

Alíquota – percentual a ser aplicado sobre um determinado valor líquido tributável, dando como resultado o valor do imposto a ser pago.

Amortização de Dívidas – pagamento do principal e da atualização monetária ou cambial de operações de crédito internas e externas.

Antecipação da Receita – processo pelo qual o tesouro público pode contrair uma dívida por "antecipação da receita prevista", a qual será liquidada quando efetivada a entrada de numerária (dinheiro).

Autarquias – pessoas jurídicas de direito público, de natureza meramente administrativa, criadas por lei específica para realização de atividades, obras ou serviços descentralizados, da entidade estatal que as criou. Exemplo: DETRAN; Departamento de Estradas de Rodagem – DER; etc.

Balanço Patrimonial – demonstrativo contábil que apresenta, num dado momento, a situação do patrimônio da entidade pública.

Contabilidade Pública – processo gerador de informações sobre o que a Administração Pública realizou, em termos financeiros.

Contrapartida – recursos que o devedor se compromete, contratualmente, a aplicar em um determinado projeto. A cobertura de contrapartida pode efetivar-se através de outro empréstimo, receita própria ou dotação orçamentária.

Contrato – acordo ou ajuste em que os participantes tenham interesses diversos e opostos, isto é, quando se desejar, de um lado, o objeto do acordo ou ajuste, e do outro lado a contraprestação, ou seja, o preço.

Contrato de Obras Públicas – é aquele que tem como objeto a construção, reforma, fabricação, recuperação ou ampliação realizada por execução direta ou indireta. A obra pública pode ser executada por empreitada ou por administração contratada. O contrato de empreitada é o mais usado. O particular executa a obra por sua conta risco. A administração contratada é quando se contrata, excepcionalmente, a execução da obra ou serviço mediante reembolso de todas as despesa ocorridas na sua execução.

Contribuições de Melhoria – tributos decorrentes de obras públicas que beneficiam uma pequena parcela da comunidade, sendo dela cobrada em virtude da valorização de imóvel de sua propriedade em função da obra. É arrecadada dos proprietários de imóveis beneficiados pelas obras públicas, e tem como limite total a despesa realizada.

Contribuinte – pessoa que deve tributo ou outra prestação ao tesouro público.

Convênio – Instrumento através do qual a administração descentraliza a execução de atividades e programas de caráter nitidamente local. O convênio é utilizado somente quando entre as partes prevaleçam interesses comuns e coincidentes, sem qualquer ideia de contraprestação.

Crédito Orçamentário – autorização, através de lei de orçamento ou de créditos adicionais, para a execução de programa, projeto ou atividade ou para desembolso de quantia alocada a objeto de despesa, vinculado a uma categoria econômica.

O crédito orçamentário tem como limite uma dotação e a dotação tem como limite a existência de recursos financeiros.

Déficit – excesso de despesa sobre a receita, quer seja na previsão quer seja na realização.

Dotação Orçamentária – quantidade de recursos financeiros alocada em um programa, atividade, projeto, categoria econômica ou objeto da despesa, na Lei Orçamentária.

Elemento de Despesa – desdobramento da despesa com pessoal, material, obras e outros meios de que se serve a administração pública para a realização de seus objetivos.

Empenho da Despesa – ato da autoridade da administração pública que cria para o Estado uma obrigação de pagamento de um compromisso assumido.

Estado – pessoa jurídica de direito público interno, organizado e obediente ás suas próprias leis. Comunidade de homens fixada sobre um território.

Exercício Financeiro – período correspondente á execução orçamentária. No Brasil o exercício financeiro coincide com a no civil, ou seja, abrange o período de janeiro a dezembro.

FPE – Fundo de Participação dos Estados – é formado pelo produto da arrecadação dos impostos sobre a Renda e Proventos de qualquer natureza e sobre Produtos Industrializados. A distribuição obedece a coeficientes de participação, divulgados pelo Tribunal de Contas da União – TCU,

FPM – Fundo de Participação dos Municípios – é formado pelo produto da arrecadação dos impostos sobre a Renda e Proventos de qualquer natureza e sobre Produtos. A distribuição obedece a coeficientes divulgados pelo TCU

Fundações – pessoas jurídicas de direito público, assemelhadas ás autarquias, criadas por lei específica, com as atribuições que lhe foram conferidas no ato de sua instituição, Exemplo: Fundação Educacional: Fundação Hospitalar; Fundação Zoobotânica; Fundação do Serviço Social; etc.

Fundos – conjunto de recursos que tem como finalidade o desenvolvimento ou consolidação, através de financiamento ou negociação, de uma atividade pública específica. Em geral os Fundos possuem fonte de receita vinculada por lei à realização de determinados objetivos de política econômica, social ou administrativa do Governo.

Imposto – é um tributo cuja obrigação tem por fato gerador uma situação independente de qualquer atividade estatal específica, relativa ao contribuinte.

IPTU – Imposto sobre Propriedade Predial e Territorial Urbana – de competência dos Municípios e do Distrito Federal, tem como fato gerador a propriedade, o domínio útil ou a posse de bem imóvel por natureza ou por acessão física, localizado na zona urbana.

IPVA – Imposto sobre a Propriedade de Veículos Automotores – de competência Estadual e do Distrito Federal, incide sobre o valor do veículo automotor, sujeito a licenciamento pelos órgãos competentes.

ITCD – Imposto sobre Transmissão "Causa Mortes" e Doação de Bens e Direitos – de competência Estadual e do Distrito Federal, incide sobre a transmissão "causa mortes" (por motivo de morte) e a doação de: propriedade ou domínio útil de bens imóveis; direitos relativos às transmissões; bens móveis direitos, títulos e créditos. A base de calculo é o valor de venda do bem ou direito ou o valor do título ou do crédito.

ITBI – Imposto sobre Transmissão "Inter Vivos" de Bens Imóveis e de Direitos Reais sobre Imóveis – de competência Estadual e do Distrito Federal, incide sobre o valor de venda dos bens ou direitos transmitidos ou cedidos. Tem o fato gerador no momento da lavratura do instrumento ou ato que servir de titulo às transmissões ou às cessões.

ICMS – Imposto sobre Circulação de Mercadorias e Serviços – de competência dos

Estados e do Distrito Federal, tem como fato gerador as operações relativas à circulação de mercadorias e às prestações de serviços de transporte interestadual e intermunicipal e de comunicações, ainda que as operações e as prestações se iniciem no exterior.

ISS – Imposto sobre Serviços de Qualquer Natureza – de competência dos Municípios e do Distrito Federal, tem como fato gerador a prestação de serviços, por empresa ou profissional autônomo, com ou sem estabelecimento fixo.

Inversões Financeiras – despesa de capital que, ao contrário de investimentos, não gera serviços e incremento ao Produto Interno Bruto. Exemplo: aquisição de um prédio já pronto para instalação de um serviço público é inversão financeira.

Investimento – toda aquela despesa de capital que gera serviços e, em consequência, acréscimo ao Produto Interno Bruto – PIB. Exemplo: construção de um prédio para instalação de um serviço público é investimento.

Lei de Diretrizes Orçamentária (LDO) – lei que orienta a elaboração da Lei Orçamentária Anual e estabelece as metas e prioridades da administração pública, incluindo as despesas de capital para o exercício financeiro seguinte, dispõe sobre as alterações na legislação tributária e estabelece a política de aplicação das agências financeiras oficiais de fomento.

Lei de Meios – sinônimo de Lei Orçamentária ou Lei de Orçamento. Assim denominada porque possibilita os meios para o desenvolvimento das ações relativas aos diversos órgãos e entidades que integram a administração pública.

Licitação – processo pelo qual o poder público adquire bens e/ou serviços destinados à sua manutenção e expansão. São modalidades de licitação: convite, tomada de preços, concorrência pública, leilão e concurso público.

Liquidação da Despesa – liquidação da despesa é a verificação do direito adquirido pelo credor, tendo por base os títulos e documentos comprobatórios do respectivo crédito. A liquidação da despesa por fornecimento de material ou prestação de serviços terá por base as condições estabelecidas na licitação, em cláusulas contratuais, ajustes ou acordos, e nos comprovantes da efetiva entrega e recebimento de material ou de prestação de serviço ou execução da obra.

Metas – produto quantificado a ser obtido durante a execução do programa, ação e projeto/atividade. Exemplo: pavimentar 20km de vias urbanas.

Modalidade de Aplicação – indica como os recursos serão aplicados pelos órgãos, podendo ser diretamente pelos mesmos ou sob a forma de transferências a outras entidades públicas ou privadas que se encarregarão da execução das ações.

Operações de Crédito – provenientes da realização de recursos financeiros oriundos de constituição de dívida. São originários de contratos de empréstimos com agências financeiras nacionais (internas) ou internacionais (externas). São as que se classificam entre as receitas de capital e se destinam a atender especificamente a obras e serviços públicos. Essas operações são orçamentárias e podem ser autorizadas na lei orçamentária ou através de lei específica.

Orçamento – Instrumento de que o administrador dispõe para colocar os planos em função dos recursos financeiros disponíveis. Ferramenta de ligação entre os sistemas de planejamento e finanças.

Política Fiscal – coordenação da tributação, divida pública e despesas governamentais, com o objetivo de promover o desenvolvimento e a estabilização da economia. Opera, basicamente, via incentivos e abatimentos fiscais.

Política Monetária – controle do sistema bancário e monetário exercido pelo Governo, com a finalidade de propiciar estabilidade para o valor da moeda, equilíbrio no balanço de pagamentos, pleno emprego e outros objetivos correlatos.

Prestação de Contas – demonstrativo organizado de documentos comprobatórios das operações de receita e despesa, realizados pela Administração Pública.

Programação Financeira – atividades relativas ao orçamento de caixa, compreendendo a previsão do comportamento da receita, a consolidação dos cronogramas de desembolso e o estabelecimento de fluxo de caixa.

Projeto de Lei Orçamentária – projeto de lei de iniciativa privativa do Poder Executivo, contendo a previsão da receita e a fixação da despesa da administração pública. É elaborado em um exercício para, depois de aprovado pelo Poder Legislativo e sancionado pelo chefe do

Poder Executivo, entrar em vigor no exercício seguinte.

Projeto Básico – conjunto de elementos que definem a obra ou serviço, ou complexo de obras e serviços, objeto de uma licitação e que possibilita a estimativa de seu custo final e prazo de execução.

Projeto Executivo – conjunto de elementos necessários e suficientes à execução completa da obra.

QDD – Quadro de Detalhamento da Despesa – instrumento que detalha, a nível operacional as despesas constantes da Lei Orçamentária Anual.

Receita – conjunto de entradas financeiras, oriundas de diversas fontes.

Receita de Contribuições – os Estados, os municípios e o Distrito Federal podem instruir contribuição, cobrada de seus servidores, para o custeio, em benefício destes, de sistemas de previdência e assistência social.

Receita Industrial – proveniente de atividades industriais, definidas como tais pelo IBGE e exploradas diretamente pelo município ou outra entidade governamental.

Receita Patrimonial – refere-se ao resultado financeiro de exploração de patrimônio público, decorrente de bens mobiliários/ imobiliários ou advindo de participação societária.

Receita de Serviços – é a derivada de prestação de serviço de comércio, transportes, comunicações, serviços hospitalares, etc.

Receita Própria – o resultado da arrecadação pelas entidades públicas em razão de sua atuação econômica no mercado. Essas receitas são aplicadas pelas próprias unidades geradoras da receita.

Receita Tributária – é a receita derivada instituída pelas entidades de direito público.

Compreendendo os impostos, as taxas e contribuições.

Receita Vinculada – receita arrecadada com destinação especifica estabelecida na legislação vigente.

Receitas Reais – recursos humanos, materiais, financeiros e institucionais que, juntamente com os serviços de terceiros, são utilizados no desenvolvimento de um projeto ou atividade.

Restos a Pagar – despesas empenhadas, mas não pagas, até 31 de dezembro, distinguindo-se as processadas das não processadas. Só devem ser inscritas em restos a pagar aquelas despesas contratadas e que vão se efetivar no exercício seguinte.

Restos a Pagar Processados – toda despesa que se encontrava em fase de pagamento quando se esgotou o exercício financeiro.

Restos a Pagar Não Processadas – empenho de contratos que se encontram em plena execução, não existindo, ainda, o direito liquido e certo do credor.

Subvenção Econômica – alocação de recursos destinada a cobrir déficits de manutenção das empresas públicas, de natureza autárquica ou não, assim como as dotações destinadas a cobrir a diferença entre os preços de mercado e os preços de revenda, pelo governo, de gêneros alimentícios ou outros e também as dotações destinadas ao pagamento de bonificações a produtores de determinados gêneros ou materiais.

Subvenção Social – alocação de recursos com o objetivo de auxiliar ou estimular a prestação de serviços essenciais de assistência social, médica e educacional, em suplementação à iniciativa privada.

Suprimento de Fundos – entrega de numerário a servidor, através de ordem bancária, e mediante empenho prévio da despesa quando, comprovadamente, as circunstâncias não permitirem o processamento normal ou o pagamento da despesa não possa ser efetuado pela via bancária.

Taxas – pressupõem uma atividade estatal, É o pagamento por um serviço especifico e divisível, efetivamente prestado ao usuário ou posto à sua disposição. Exemplo: Taxa de Limpeza Pública: Taxa de iluminação Pública; Taxa de iluminação Pública; etc.

Tema – proposição que vai ser tratada ou demonstrada. Assunto a ser debatido ou desenvolvido em um congresso. Motivo que é o centro do qual se procede e no qual se desenvolve um assunto.;

Transferências – são as provenientes de recursos financeiros recebidos de outras pessoas de direito público e privado, quando destinadas a atender a despesas de manutenção e funcionamento.

Tributos – receita instituída pelo Poder Público, compreendendo os impostos, as taxas e as contribuições de melhoria, nos termos da Constituição Federal e das leis vigentes em matéria financeira.

Unidade Administrativa – a repartição da Administração Direta ou Indireta à qual o Orçamento não destina recursos e que depende de descentralização de créditos para executar seus programas.

Unidade Gestora – a unidade orçamentária ou administrativa investida do poder de gerir recursos orçamentários e financeiros, próprios ou sob descentralização.

Unidade Orçamentária – segmento da Administração Pública Direta ou Indireta a que o orçamento destina dotações especificas para realização de seus programas de trabalho.